W0191594

PAPERISH PUBLISHERS

to nono & monaco

ANNE NOEL

SUPERFOOD
EINFACH GESUND

EINLEITUNG

23 MORGENS

47 MITTAGS

71 ABENDS

89 DESSERT

105 SÄFTE

MEINE REZEPTE

REZEPTVERZEICHNIS

SUPERFOOD
GIBT ES IN FORM
VON OBST,
GEMÜSE, KERNEN,
KÖRNERN
UND SAMEN.

IN diesem Buch findet sich eine sorgfältige Auswahl an schmackhaften Superfoods. Unter anderem lassen sich Äpfel, Avocados, Bananen, Chia Samen, Erdbeeren, Feigen, Heidelbeeren, Himbeeren, Ingwer, Karotten, Kartoffeln, Kichererbsen, Kiwis, Körner, Kürbis, Couscous, Lachs, Leinsamen, Linsen, Löwenzahn, Matcha, Quinoa, Rote Bete, Rucola, Sonnenblumenkerne, Spinat, Sushi und Tofu ideal zu leckeren, gesunden Speisen verarbeiten.

Superfood und gesunde Ernährung

Sie sind in aller Munde und kaum mehr wegzudenken im heutigen Alltag. Die Rede ist von Superfoods. Und dies sind sie zu Recht. Denn die natürlichen, teilweise exotischen Power-Nahrungsmittel haben sich als echte Nährstoffbomben entpuppt.

Superfoods versorgen den menschlichen Organismus mit essentiellen Mineralien, Proteinen, Spurenelementen, Fettsäuren und Vitaminen. Dank ihres enorm hohen Gehalts an Antioxidantien bieten die Kraftpakete durch das Abfangen der sogenannten freien Radikalen eine Stärkung für das menschliche Immunsystem. Dabei müssen Superfoods nicht zwingend ihren Ursprung in fernen Ländern haben. Denn auch in unseren Breiten gibt es eine ganze Menge an gesunden Nahrungsmitteln, die den Superfoods zugerechnet werden können.

Zwar erfährt der aktuelle Superfood Trend häufig Kritik, die damit begründet wird, dass die Power-Lebensmittel keine Ernährungs-Wunderwaffen seien. Doch diesem Anspruch müssen Superfoods auch nicht gerecht werden.

Viel wichtiger ist die Tatsache, dass Superfoods zu einer gesunden und ausgewogenen Ernährung beitragen. Sie eignen sich hervorragend als perfekte, sättigende Ergänzung im Alltag, tragen zur Förderung des allgemeinen Wohlbefindens bei und schmecken darüber hinaus ausgesprochen lecker.

EINFALLSREICHE EINSATZMÖGLICHKEITEN

Im besten Fall sollten biologisch angebaute Superfoods verwendet werden. Es empfiehlt sich, sie naturbelassen und nach Möglichkeit in rohem Zustand zu verzehren. Nur so bleiben die zahlreichen essentiellen Inhaltsstoffe erhalten und können ihre positive Wirkung auf unsere Darmflora und Verdauung entfalten.

Ob pur als Snack zwischendurch, als Komponente eines gesunden Smoothies oder einfach als spezielle Zutat für ein leckeres Rezept – die Einsatzmöglichkeiten von Superfoods für eine gesunde, ausgewogene Ernährung sind vielschichtig. Dieses Buch soll dabei helfen die wichtigsten Superfoods kennenzulernen und sie genussvoll in den Alltag zu integrieren.

GUT ZU WISSEN

APFEL

Über 30 Vitamine und Spurenelemente, Pektin senkt den Cholesterinspiegel

WALNUSS

Die bioaktiven Inhaltsstoffe schützen vor Leistungsabfall im Alter

SPARGEL

Aufgrund seines hohen Kaliumgehalts stark harntreibend. Viel Vitamin A, B1, B2, C

KNOBLAUCH

Der natürliche Blutverdünner Adenosin hindert Blutplättchen am verklumpen

BLAUBEEREN

Hoher Anteil an Ballaststoffen, Vitamin C und Antioxidantien

ROTE BOHNEN

Idealer Nährstofflieferant für Vegetarier und Veganer

SPINAT

Wenig Kalorien, dafür viel Vitamin K und Beta-Carotin

ROTE QUINOA

Hoher Nährstoffgehalt, Aminosäuren, Vitamine und Antioxidantien

KIWI

Eine große Kiwi deckt den Tagesbedarf an Vitamin C

KICHERERBSEN

Wenig Kalorien bei hohem Sättigungsgrad – ideal für eine Diät

ERDBEEREN

Die enthaltenen Polyphenole schützen vor Herz-Kreislauf-Erkrankungen

PUY LINSEN

Hoher Anteil an Eiweiß und komplexen Kohlenhydraten

LEINSAMEN

Der hohe Ballaststoffgehalt wirkt besonders verdauungsfördernd

OLIVEN

... regen den Stoffwechsel an und wirken verdauungsfördernd

MATCHA

Matcha macht auf gesunde Weise wach, leistungsstark und fördert die Konzentration. Der Inhaltsstoff Epigallocatechingallat (EGCG) kann das Immunsystem stärken und die Ausschüttung des Stresshormons Cortisol senken.

CHIA SAMEN

Chia Samen punkten mit Ihrem extrem hohen Nährstoffgehalt. Zum Vergleich: Chia Samen enthalten 10 mal soviel Omega-3-Fettsäuren wie Lachs, 8 mal soviel Antioxidantien wie Orangen und 5 mal mehr Calicum als Milch. Eine echte Nährstoffbombe!

QUINOA

Quinoa besitzt einen hohen Nährstoffgehalt und ist wichtiges Grundnahrungsmittel in unzähligen Ländern der Welt. Gesunde Aminosäuren, Vitamine und Antioxidantien machen Quinoa zum Alleskönner.

GOJI BEERE

Schmackhafte Beeren, die aufgrund Ihrer Nährstoffvielfalt zu den bekanntesten Superfoods gehören. Reich an Vitaminen und Ballaststoffen, ideal z.B. für Unterwegs oder im Müsli.

GRAPEFRUIT

Rote Grapefruits haben einen beachtlichen Anteil am natürlichen Farbstoff Lycopin, der freie Radikale abblocken kann und dadurch Körperzellen schützt.

AUGENBOHNE

Augenbohnen verdanken ihren Namen dem chrakteristischen Fleck, den Sie auf ihren Samen tragen. Die aus Afrika stammenden Bohnen sind hervorragende Eiweißlieferanten und Vitamin B1 und B2 Spender.

BROKKOLI

Brokkoli regt den Körper zur Bildung von Indol-3-Carbinol an. Diese Substanz wirkt laut einem Artikel des Cancer Prevention Research Magazins krebshemmend und zellschützend.

GRANATAPFEL

dem Granatapfel wurde aufgrund seiner faszinierenden Form bereits in der Antike besondere Bedeutung beigemessen. Er galt vor allem als Symbol der Liebe und der Fruchtbarkeit. Heute besticht er vor allem durch seine gesunden Inhaltsstoffe.

„NACH EINEM GUTEN ESSEN KÖNNTE MAN JEDEM VERGEBEN, SELBST SEINEN EIGENEN VERWANDTEN."

OSCAR WILDE

MORGENS

MATCHA LATTE
KONZENTRIERT STARTEN

Matcha macht auf gesunde Weise wach und leistungsstark, fördert die Konzentration und ist die ideale Alternative zum täglichen Kaffeekonsum. Der Inhaltsstoff Epigallocatechingallat (EGCG) kann das Immunsystem stärken und die Ausschüttung des Stresshormons Cortisol senken.

BIOLADEN / SUPERMARKT

1/2 Teelöffel Matchapulver
50 ml heißes Wasser
200 ml Sojamilch
Agavendicksaft o. Honig

HILFSMITTEL

Matchabesen (Chasen)
o. Schneebesen

Das **Matchapulver** in eine kleine Schale geben und mit dem heißen, nicht kochenden Wasser übergießen.

Mit dem „Chasen" oder einem Schneebesen sorgfältig verrühren, bis sich das Matchapulver vollständig aufgelöst hat.

Nun die **Sojamilch** erhitzen, mit einem Milchaufschäumer oder dem Schneebesen aufschäumen und dem noch warmen Tee hinzufügen.

Nach Gusto mit **Honig oder Agavendicksaft** süßen.

UM DEN GESCHMACK UND DIE WERTVOLLEN INHALTSSTOFFE MÖGLICHST LANGE ERHALTEN ZU KÖNNEN, SOLLTE MAN DAS MATCHA-PULVER LUFTDICHT VERPACKT IM KÜHLSCHRANK AUFBEWAHREN. WER VIEL WERT AUF QUALITÄT LEGT, SOLLTE ZU DEN TRADITIONELLEN SORTEN AUS JAPAN GREIFEN, DIE MEIST ETWAS TEURER SIND.

SMOOTHIE FRUCHT BOWL
IMMUN BOOSTER

Heidelbeeren sind antioxidative Powerfrüchte. Sie besitzen aktive Anti-Aging-Eigenschaften um die Hautalterung nachhaltig zu bremsen. Sie reduzieren Zellschäden und sollen laut Studien vorbeugend gegen Krebserkrankungen wirken. Sie sind besonders reich an Vitamin C und E und stärken so unser Immunsystem.

BIOLADEN / SUPERMARKT

1 TL Chiasamen
1 TL Leinsamen
1 TL Sonnenblumenkerne
1 Handvoll Goji Beeren

GEMÜSEHÄNDLER

2 Bananen
1 reife Kiwi
150 g Heidelberen

Eine **Banane** mit den **Heidelbeeren** (1 Handvoll für später aufbewahren) in einen Standmixer geben und mit etwas **Wasser** auffüllen. Nun die Früchte zu einer cremigen Konsistenz mixen und danach in eine Schüssel füllen.

Die **Banane** und die **Kiwi** schälen und in mundgerechte Stücke schneiden. Nun die Früchte zusammen mit den restlichen **Heidelbeeren** zu dem Smoothie geben.
Anschließend die **Chiasamen, Leinsamen ,Sonnenblumenkerne und die Goji Beeren** darüber streuen und den gesunden Immun Booster genießen und sich über neue Abwehrkräfte freuen.

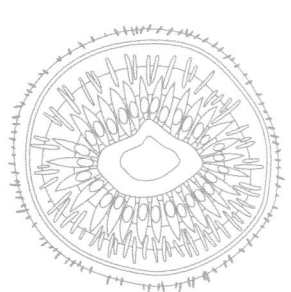

HEIDELBEEREN ZÄHLEN ZU DEN BELIEBTESTEN SUPERFOODS!
HEIDELBEEREN HABEN BEI UNS VON ENDE JULI BIS SEPTEMBER SAISON. FRISCH VERZEHRT SIND SIE BESONDERS GESUND. ABER AUCH IN DEN RESTLICHEN MONATEN KANN MAN HEIDELBEEREN TIEFGEKÜHLT ALS GESUNDE VITAMINBOMBE ZU SICH NEHMEN, UM DAS EIGENE IMMUNSYSTEM IN DER KALTEN JAHRESZEIT ZU STÄRKEN.

ERDBEER HEIDELBEER OATS
BASIS FÜR DEN TAG

Oats (Oats = Hafer) können eine vielseitige und gesunde Basis für den Start in den Tag sein. Das Haferflocken-Frühstück wird am Abend zubereitet und kann so über Nacht ziehen. Am nächsten Morgen ist es sofort zur Hand und schmeckt herrlich gesund und frisch – Morgenmuffel nehmen sich die Oats einfach im Glas mit zur Arbeit.

BIOLADEN / SUPERMARKT

100 g Haferflocken
250 ml Hafermilch (o. Wasser)
1 TL Chiasamen
1 TL Leinsamen
1 EL Agavendicksaft

GEMÜSEHÄNDLER

1 Handvoll Heidelbeeren
1 Handvoll Erdbeeren

Die **Haferflocken** (einfache Haferflocken aus dem Supermarkt reichen vollkommen aus, es müssen keine teuren Oat-Produkte sein) mit der **Hafermilch** in ein verschließbares Glas füllen.

Die gewaschenen und geviertelten **Erdbeeren** zusammen mit den **Heidelbeeren** hinzugeben und nach Belieben vermischen. Im Anschluss mit dem **Agavendicksaft** und den **Chia- und Leinsamen** toppen.

Das verschlossene Glas über Nacht im Kühlschrank durchziehen lassen und am nächsten morgen ganz einfach und ohne Stress genießen.

NÄHRWERTE HAFERFLOCKEN (100 G)

Energie	= 370 kcal / 1.500 Kj
Eiweiß	= 12 g
Kohlenhydrate	= 64 g
Fett	= 7 g
Ballaststoffe	= 5 g

OATS SCHONEN DEINEN GELDBEUTEL, SIND REICH AN KOMPLEXEN KOHLENHYDRATEN UND GESUNDEN BALLASTSTOFFEN – MACHEN LANGE SATT UND BEUGEN HEISSHUNGERATTACKEN VOR. WEGEN IHREM HOHEN NÄHRSTOFFGEHALT SIND OATS DAS IDEALE FRÜHSTÜCK FÜR SPORTLER UND MENSCHEN MIT EINEM HOHEN ENERGIEUMSATZ.

MATCHA FRUCHT BOWL
OPULENTE NÄHRSTOFFE

Als Matcha bezeichnet man fein zermahlenen Grüntee, der zu den hochwertigsten japanischen Teesorten zählt. Von Teeliebhabern sehr geschätzt eignet sich Matcha mit seinem unaufdringlichen Geschmack auch als leckere und anregende Ergänzung im Müsli.

BIOLADEN / SUPERMARKT

125 g Haferflocken
200 ml Hafermilch (o. Sojamilch)
1 Handvoll Kokosstücke
1 TL Chiasamen
1 TL Leinsamen
1 EL Agavendicksaft

GEMÜSEHÄNDLER

2 reife Kiwis
1 Handvoll Heidelbeeren
1 Limette
3 Minzblätter

Das **Matchapulver** in die **Hafermilch** (o. Sojamilch) einrühren, bis es sich vollständig aufgelöst hat und keine Klumpen mehr zu sehen sind. Es sollte sich ein feiner Schaum gebildet haben. Am besten ist dazu ein Milchaufschäumer, ein Schneebesen oder der typische Matcha Besen zu verwenden.

Die **Kiwi** schälen, in Scheiben schneiden und zusammen mit den gewaschenen **Heidelbeeren** und den **Haferflocken** in die vorbereitete **Milch** geben.
Jetzt noch die **Chia-, Leinsamen und Kokosstücke** einstreuen und mit den **Minzblättern** toppen. Je nach Vorliebe kann man noch einen Spritzer **Limette** oder eine Limettenscheibe hinzugeben.

Neugierige Blicke sind einem damit in jedem Fall sicher, wer hat schon einmal ein grünes Müsli gesehen?

MATCHA VERTRÄGT SICH MIT MILCHPRODUKTEN NICHT OPTIMAL. DAS IN MILCH ENTHALTENE KASEIN REDUZIERT DIE FÄHIGKEIT DES KÖRPERS DEN POLYPHENOLANTEIL (ANTIOXIDANTIEN) IN MATCHA ZU ABSORBIEREN. DAHER SOLLTE MAN FÜR DIE BESTE WIRKUNG SOJA- ODER MANDELMILCH VERWENDEN.

PROTEIN VOLLKORNLAIB
GESUNDE KÖRNER

Dinkel zählt zu den Urformen von Getreide. Durch eine hohe Nährstoffkonzentration ist Dinkel gesünder als andere Getreide wie beispielsweise Weizen. Die Vielfalt der Enzyme, Vitamine, Mineralstoffe und Spurenelemente machen Dinkel zum Superfood, das dem Körper langanhaltende Energie liefert.
ACHTUNG! Dinkel ist nicht glutenfrei.

BIOLADEN / SUPERMARKT

500 g Vollkorn Dinkelmehl
150 g gemischte Körner
(Kürbis, Sonnenblume, Leinsamen)
1/2 L Wasser
1 Würfel Hefe
2 TL Meersalz
2 EL Obstessig

In eine Rührschüssel das lauwarme Wasser mit **Hefe**, **Salz** und **Essig** geben. Mit einem Löffel gut durchmischen, bis sich die Hefe vollständig aufgelöst hat.
Nun die gemischten **Körner** und das **Mehl** hinzugeben und mit einem Handrührer zum Teig verarbeiten. Dieser sollte relativ flüssig sein, damit das Brot innen schön saftig wird.

Anschließend den Teig in eine gefettete Kastenform geben, abdecken und etwa 20 Minuten an einem warmen Ort gehen lassen. Im vorgeheizten Backofen bei 180° Umluft etwa 60 min backen.
Kurz vor Ablauf der Zeit mit einem Messer in die Mitte des Brotes stechen. Beim herrausziehen sollte kein Teig am Messer kleben bleiben. Das Brot aus der Kastenform stürzen, 10 Minuten auf einem Kuchengitter abkühlen lassen und lauwarm genießen.

DER UNTERSCHIED ZWISCHEN VOLLKORNMEHL UND WEISSMEHL
JEDES GETREIDEKORN BESTEHT AUS DREI TEILEN: **Schale/Mehlkörper/Keimling.** FÜR VOLLKORNMEHL WIRD NACH DER MAHLUNG DAS GANZE GETREIDEKORN VERWENDET, EGAL OB WEIZENKORN, ROGGENKORN ODER DINKELKORN. WIRD NUR DER MEHLKÖRPER VERWENDET, ENTSTEHT WEISSMEHL.

AVOCADO SANDWICH
SCHNELLER GEHT'S NICHT

Avocado ist eine tropische Butterfrucht mit etwa 25% Fettanteil. Die enthaltenen einfach ungesättigten Fettsäuren sind hochwertige Pflanzenfette und zählen zu den gesündesten Ihrer Art. Das reichlich enthaltene Enzym Lipase regt den Stoffwechsel an und kann sogar den Abbau des Körperfetts fördern.

BIOLADEN / SUPERMARKT

1 rustikales Roggenbrot
jodiertes Meersalz
bunter Pfeffer aus der Mühle
1 EL Olivenöl

GEMÜSEHÄNDLER

1 reife Avocado
1 Limette

Das frische **Brot** in dicke Scheiben schneiden und mit **Olivenöl** bestreichen.
Die essreife **Avocado** aufschneiden (Tip: die Avocado vierteln, so kann man den Kern einfacher entfernen) und mit einem Esslöffel das Fruchtfleisch herauslösen, in Scheiben schneiden und auf das Brot legen.

Etwas **Limettensaft** über das Brot träufeln und mit einer Limettenscheibe toppen. Mit **Salz und Pfeffer** abschmecken.

WANN IST EINE AVOCADO REIF?
- EINE REIFE AVOCADO GIBT BEI LEICHTEM HÄNDEDRUCK NACH.
- VORSICHT BEI SEHR WEICHEN AVOCADOS – DIESE LAGERN VERMUT-LICH SCHON ZU LANGE
- EIN TIEF DUNKLER FARBTON KANN EIN REIFEINDIKATOR SEIN
- ÜBERPRÜFE DEN STIELANSATZ! IST DIESER NICHT ZU ENTFERNEN IST DIE AVOCADO UNREIF. KANNST DU DEN STIEL ENTFERNEN UND DIE FREIGE-LEGTE STELLE IST HELL UND GRÜN, HAT DIE AVOCADO DIE OPTIMALE REIFE. IST DIE STELLE DAGEGEN DUNKEL UND BRAUN SPRICHT DAS FÜR ÜBERREIFE.

WIE HÄLT MAN EINE AVOCADO FRISCH?
ESSREIFE AVOCADOS SOFORT NACH DEM KAUF IM KÜHLSCHRANK LAGERN. OFFENES FRUCHTFLEISCH ZUSÄTZLICH MIT ZITRONEN- ODER LIMETTENSAFT BETRÄUFELN.

LACHS AVOCADO BAGEL
GESUNDES FETT MACHT SCHLANK

Lachs ist einer der meistkonsumierten Fische der Welt. Die reichlich vorhandenen ungesättigten Omega-3-Fettsäuren machen diesen Fisch so wertvoll. Die Fettsäuren stärken die Funktion der Körperzellen und senken bei regelmäßigem Verzehr den Cholesterinspiegel. Lachs enthält viel Jod und kurbelt somit den Stoffwechsel an, weshalb der Fisch zum gesunden abnehmen beiträgt.

BIOLADEN / SUPERMARKT

1 frischer Vollkorn Bagel
2 Scheiben Bio Lachs
1 EL Frischkäse
1 EL Pinienkerne
jodiertes Meersalz
schwarzer Pfeffer

GEMÜSEHÄNDLER

1 reife Avocado
1 Limette

Den frischen **Bagel** aufschneiden und eine Hälfte mit dem **Frischkäse** bestreichen.
Den **Lachs** in Streifen schneiden und darauflegen.
Die essreife **Avocado** aufschneiden (Tip: die Avocado vierteln, so kann man den Kern einfacher entfernen) und mit einem Esslöffel das Fruchtfleisch herauslösen, in Scheiben schneiden und auf den Lachs geben.
Mit dem **Limettensaft**, dem **Meersalz** und dem schwarzen **Pfeffer** leicht würzen.

Anschließend die **Pinienkerne** in einer Pfanne ohne Öl kurz anrösten und auf die Avocadostücke streuen.
Die obere Hälfte des Bagels auf dem fertig belegten Teil festdrücken.

DER WELTWEIT STEIGENDE KONSUM VON LACHS KANN MIT NATÜRLICHEN WILDLACHSBESTÄNDEN NICHT MEHR BEDIENT WERDEN. INZWISCHEN KOMMT EIN GROSSER TEIL AUS DER FISCHZUCHT, ECHTER WILDLACHS IST SELTEN UND TEUER. BEIM LACHS AUS DER FISCHZUCHT IST DARAUF ZU ACHTEN, DASS NATÜRLICHES FUTTER VERWENDET WURDE – BEI ZERTIFIZIERTEN BIO-PRODUKTEN IST DIES MEIST DER FALL.

AVOCADO OMELETTE
GESUNDER GENUSS

Ein Omelette ist eine Eierspeise, für deren Zubereitung Eier zu einer Masse verquirlt und in einer Pfanne zu einem flachen Fladen gebraten werden. Der Begriff „Omelette" stammt aus dem Französischen und wurde im 18. Jahrhundert ins Deutsche übernommen.

BIOLADEN / SUPERMARKT

6 Eier
2 EL Olivenöl
jodiertes Meersalz
schwarzer Pfeffer
getrockneter Rosmarin

GEMÜSEHÄNDLER

150 g Kirschtomaten
1 reife Avocado
1 Bund Koriander oder Petersilie

Die essreife **Avocado** aufschneiden, mit einem Esslöffel das Fruchtfleisch herauslösen und in Scheiben schneiden. Die **Kirschtomaten** waschen und vierteln.

Die **Eier** in eine Schüssel schlagen und mit **Meersalz**, **Pfeffer** und **Rosmarin** schaumig aufschlagen. Das **Olivenöl** in eine beschichtete Pfanne geben und erhitzen. Die Hälfte der Eiermasse gleichmäßig in die Pfanne gießen und kurz stocken lassen. Das noch weiche Omelette mit einem Schaber 3-4 mal zur Pfannenmitte schieben. 3 Minuten stocken lassen.

Die vorbereitete **Avocado** mit den **Kirschtomaten** auf eine Hälfte geben und das Omelette zusammenfalten. Einen Deckel auf die Pfanne legen, vom Herd nehmen und 1 Minute ruhen lassen. Anschließend das zweite Omelette in gleicher Weise backen, beide mit dem **Koriander** garnieren und frisch genießen.

MAN DARF SICH NICHT AUS DER RUHE BRINGEN LASSEN, SOLLTE EINEM DAS PERFEKTE FRÜHSTÜCKSOMELETTE NICHT AUF ANHIEB GELINGEN. EINE SCHLECHTE ODER ZU HEISSE PFANNE, EINE HALBE MINUTE NICHT AUFGEPASST ODER ZU SCHNELL GEFALTET – SCHON IST DAS OMELETTE HINÜBER – NACH EIN PAAR OMELETTE-SESSIONS HAT MAN ABER DEN DREH SOUVERÄN RAUS!

FEIGEN JOGHURT
WICHTIGE ENZYME

Frische Feigen waren schon in der Antike als heilende Frucht beliebt und sind exotische Superfoods. Eine Frucht hat nur ca. 40 kcal, und liefert neben vielen Vitaminen und verdauungsfördernden Enzymen wertvolles Kalium, Kalzium, Magnesium und Eisen. Feigen sind aufgrund ihrer Ballaststoffe besonders sättigend.

BIOLADEN / SUPERMARKT

600 g Naturjoghurt
80 g Nüsse (Walnüsse, Haselnüsse, Mandeln)
50 g Haferflocken
2 EL Agavendicksaft
1 TL Chiasamen
1 TL Leinsamen

GEMÜSEHÄNDLER

8 reife, frische Feigen
1 Handvoll Heidelbeeren
1 Handvoll Brombeeren
abgeriebene Schale von
1 Bio-Zitrone

Die **Nüsse** in einer beschichteten Pfanne ohne Öl kurz anrösten, darauf achten dass sie nicht schwarz werden und zur Seite stellen.
Die **Feigen** waschen, abtrocknen und in dünne Scheiben schneiden.

Den **Naturjoghurt** in eine Schale geben und die geriebene **Zitronenschale** unterrühren. Wer es süß mag kann etwas **Agavendicksaft** in den Joghurt geben.

Haferflocken, Chia- und Leinsamen hinzufügen und nach Belieben vermischen. Nun die geschnittenen **Feigen** mit den **Heidelbeeren** und den **Brombeeren** auf dem Joghurt anrichten.
Die **Nüsse** grob hacken und über die Schale verteilen.

FEIGEN WERDEN AUS DEM MITTELMEERRAUM, BRASILIEN UND DEN USA IMPORTIERT, WESHALB SIE DAS GANZE JAHR ÜBER SAISON HABEN. DIE SCHALE UND DIE KERNE EINER FEIGE SIND ESSBAR UND MÜSSEN NICHT MÜHSAM ENTFERNT WERDEN. AUFGRUND IHRES HOHEN ANTEILS AN BALLASTSTOFFEN PASSEN FEIGEN IDEAL IN JEDEN DIÄTPLAN UND KÖNNEN BEIM ABNEHMEN HELFEN.

BLUEBERRY PANCAKE
DEN KLASSIKER GESUND ZUBEREITEN

Der uns heute bekannte Pancake aus Nordamerika hieß ursprünglich „flapjack" oder „griddle cake" und wird in einer Vielzahl von Varianten serviert. Der Unterschied zu den deutschen Eierkuchen liegt in der Form des Pancakes, er ist meist etwas kleiner und wesentlich dicker. Zubereitet mit Bananen, Heidelbeeren, und etwas Ahornsirup bringt diese Proteinbombe den Organismus am Morgen in Fahrt.

BIOLADEN / SUPERMARKT

4 Eier
2 EL Olivenöl
2 EL Ahornsirup

GEMÜSEHÄNDLER

2 Bananen
1 Handvoll Heidelbeeren

Die **Banane** schälen, in grobe Stücke schneiden und in eine Rührschüssel geben. Die **Eier** hinzugeben und mit einem Stabmixer kräftig aufrühren bis die Banane vollständig mit den Eiern vermengt ist.

Nun in einer möglichst kleinen Pfanne das **Olivenöl** erhitzen und die Pancakes ausbacken. Je dicker die Pancakes sind, desto saftiger schmecken Sie später. Man kann mithilfe eines Metallringes die Form des Pancakes halten, oder einen kleinen Klecks in die Mitte der Pfanne geben und nach und nach etwas mehr Teig darauf gießen.

Die fertigen Pancakes im Backofen warmhalten und anschließend mit den **Heidelbeeren** und ein wenig **Ahornsirup** servieren.

FLUFFIGE PANCAKES!
DAMIT DIE PANCAKES SCHÖN FLUFFIG BLEIBEN, SOLLTEN SIE NUR EINMAL GEWENDET WERDEN - SOBALD AN DER OBERFLÄCHE KLEINE BLÄSCHEN ZU ERKENNEN SIND, IST DAFÜR DER RICHTIGE MOMENT GEKOMMEN. BEFOLGT MAN DIESEN TIP, ERSPART MAN SICH EINE LÄSTIGE TEIGSAUEREI IN DER PFANNE UND DIE PANCAKES LASSEN SICH WIE VON ZAUBERHAND GANZ LEICHT WENDEN.

„ES GIBT NUR EIN VERGNÜGEN, DAS GRÖSSER IST ALS DIE FREUDE, GUT ZU ESSEN: DAS VERGNÜGEN, GUT ZU KOCHEN"

GÜNTER GRASS

MITTAGS

LÖWENZAHN RISOTTO
MASSENHAFT VITALSTOFFE

Löwenzahnblätter sind reich an Mineralstoffen und Vitaminen, sehr kalorienarm und ein bedeutender Lieferant für Vitamin C und K. Löwenzahn hilft den Cholesterinspiegel zu senken. Der enthaltene Bitterstoff Taraxacin regt die Verdauung an und ist gesund für Leber und Galle.

BIOLADEN / SUPERMARKT

150 g Risottoreis Natur „Ribe"
600 ml Gemüsebrühe
2 EL Olivenöl
100 ml Weißwein
100 g Parmesan
jodiertes Meersalz
schwarzer Pfeffer aus der Mühle

GEMÜSEHÄNDLER

100 g frische Löwenzahnblätter
1 Zwiebel

Die frischen **Löwenzahnblätter** waschen, trocknen und in grobe Stücke hacken. Die **Zwiebel** schälen und in feine Würfel schneiden. Das **Olivenöl** in einem Topf erhitzen, die Zwiebeln mit dem **Risottoreis** dazugeben und anschwitzen. Mit dem **Weißwein** ablöschen und bei mittlerer Hitze kurz köcheln lassen.

Nun etwa 200 ml der **Gemüsebrühe** hinzufügen und offen bei schwacher Hitze unter gelegentlichem Rühren köcheln lassen. Sobald die Flüssigkeit ganz aufgebraucht ist, nach und nach die restliche Gemüsebrühe dazugeben bis der Reis gar ist. Je nach Reissorte dauert das etwa 25-50 Minuten. Währenddessen ständig umrühren damit nichts anbrennt.

Geriebenen **Parmesan** dazugeben und unterrühren. Mit **Meersalz** und **Pfeffer** mild würzen. Den frischen **Löwenzahn** vorsichtig unterheben, das Gericht in Schüsseln anrichten und mit einem Löwenzahnblatt servieren.

RISOTTOREIS „NATUR" HAT EINEN HÖHEREN VITAMIN-, SPURENELEMENT- UND EIWEISSGEHALT ALS HERKÖMMLICHER REIS.
EMPFOHLENE SORTE: RISOTTO RUNDKORN NATUR „RIBE" IST DIE KLASSI- SCHE ITALIENISCHE RISOTTO SORTE AUS DEM PIEMONT.

INKA SALAT
KRAFT DURCH URGETREIDE QUINOA

Quinoa besitzt einen hohen Nährstoffgehalt und ist wichtiges Grundnahrungsmittel in unzähligen Ländern der Welt. Gesunde Aminosäuren, Vitamine und Antioxidantien machen Quinoa zum Alleskönner - Quinoa ist außerdem glutenfrei.

BIOLADEN / SUPERMARKT

100 g Quinoa
200 ml Gemüsebrühe
2 EL Olivenöl
4 EL Essig
1 TL Agavendicksaft
jodiertes Meersalz
schwarzer Pfeffer aus der Mühle

GEMÜSEHÄNDLER

1 Bund frischer Rucola
2 Tomaten
1 Avocado
1 Bund Frühlingszwiebeln

Quinoa im Sieb mit warmem Wasser gründlich waschen. In einem Topf das Olivenöl erhitzen und die Quinoa kurz anrösten – der Geschmack kann sich so optimal entfalten.
Mit 2 Teilen 200ml bei 100g Gemüsebrühe 12-15 min köcheln lassen, zwischendurch umrühren und die Konsistenz prüfen. Vom Herd nehmen und 10 min quellen lassen.

Inzwischen die Frühlingszwiebeln waschen und bis zum Grün in kleine Ringe schneiden.
Die Tomaten waschen und je nach Größe vierteln oder würfeln.
Den Rucola waschen und halbieren.
Die reife Avocado aufschneiden, das Fruchtfleisch herauslösen und in mundgerechte Stücke zerteilen.
In einer Salatschüssel das Olivenöl mit dem Essig vermischen und 1 TL Agavendicksaft hinzufügen. Mit Meersalz und Pfeffer abschmecken. Alle Zutaten hinzufügen, locker vermischen und frisch servieren.

WEISSE QUINOA: FEIN UND MILD IM GESCHMACK. IN JEDEM SUPERMARKT ZU FINDEN | SCHWARZE QUINOA: HYBRIDSORTE, HERZHAFT U. BISSFEST. LÄNGERE GARZEIT | ROTE QUINOA: FRUCHTIGER UND ERDIGER GESCHMACK, BISSFEST UND STABILE KONSISTENZ, IDEAL FÜR SALATE.

KICHERERBSEN CURRY
REICHLICH NÄHRSTOFFE

Kichererbsen sind Nährstoffreiche Hülsenfrüchte. Sie senken den Gesamtcholesterinspiegel, den Blutzuckerspiegel und versorgen den Körper intensiv mit Vitaminen, Kupfer, Eisen und Zink.

BIOLADEN / SUPERMARKT

125 g getrocknete Kichererbsen
oder 1 Dose verzehrfertige
1 TL rote Currypaste
1 Tasse Vollkornreis
2 EL Olivenöl
jodiertes Meersalz
schwarzer Pfeffer aus der Mühle

GEMÜSEHÄNDLER

6 Tomaten
1 Bund Koriander
1 Zwiebel
1 Stk Ingwer

Die **Kichererbsen** über Nacht in kaltem Wasser einweichen.
Am nächsten Tag in einem Sieb abtropfen und nach Packungsangabe etwa 60 min weich kochen. Kichererbsen aus der Dose sind bereits verzehrfertig.
Die frischen **Tomaten** vorsichtig waschen und in Stücke schneiden.

Zwiebeln und **Ingwer** fein hacken. Das **Olivenöl** in einer Pfanne erhitzen und Ingwer, Zwiebeln und **Currypaste** darin anschwitzen.

Die **Kichererbsen** und die Tomatenstücke hinzufügen, dabei ein paar Kichererbsen zerdrücken damit die Sauce bindet. Falls nötig ein wenig Wasser zugeben bis die gewünschte Konsistenz erreicht ist. Den gehackten **Koriander** hinzufügen und mit Meersalz und Pfeffer abschmecken.

Den **Vollkornreis** mit zwei Tassen Wasser weichkochen und mit dem Kichererbsen-Curry anrichten.

EINE PORTION KICHERERBSEN ENTHÄLT:
70% DES TÄGLICHEN FOLSÄUREBEDARFS | 65% DES TÄGLICHEN KUPFERBEDARFS | 50% DES TÄGLICHEN BALLASTSTOFFBEDARFS | 25% DES TÄGLICHEN EISENBEDARFS | 20% DES TÄGLICHEN ZINKBEDARFS

TO GO SALAT
VITALITÄT FÜR UNTERWEGS

Rucola zählt zu den Alleskönnern unter den heimischen Superfoods. Er ist reich an Vitamin A, B, C, E und K, enthält viele Mineralstoffe und eine besonders hohe Konzentration an Folsäure. Die in den Blättern vorhandenen Senföle geben der Pflanze einen aromatisch-würzigen Geschmack.

BIOLADEN / SUPERMARKT

1 Dose Mais (200 g)
2 EL Olivenöl
1 EL Balsamico-Essig
1 TL Honig
1 TL Senf
jodiertes Meersalz
schwarzer Pfeffer aus der Mühle

GEMÜSEHÄNDLER

125 g frischer Rucola
1 Strauchtomate
1 reife Avocado
1 Bund Radieschen

Den frischen **Rucola** vorsichtig abwaschen und mit einem Küchentuch trocken tupfen. Die **Tomaten** halbieren, den Strunk entfernen und klein würfeln.
Die **Radieschen** waschen und in 2 mm dünne Scheiben schneiden. Nun die **Avocado** halbieren und mit einem Löffel das Fruchtfleisch lösen. Den **Mais** abgießen und abwaschen.

Das **Öl** mit dem **Balsamico** in einer kleinen Schüssel verquirlen. Pfeffer, Salz, Senf und Honig hinzugeben und nochmals cremig aufschlagen.

Zwei große Gläser (z.B. Weck) mit den Zutaten schichtweise befüllen. Anschließend mit der Salatsoße übergießen.
Wird der Salat am Abend für den nächsten Tag vorbereitet, die Soße erst direkt vor Verzehr hinzufügen, damit die Zutaten nicht einweichen.

GUT ZU WISSEN: DER LEICHT SCHARFE GESCHMACK VON RUCOLA KANN DURCH DAS BESCHNEIDEN DER BLATTSPITZEN GEMINDERT WERDEN, DA DORT DIE KONZENTRATION AN SENFÖLEN AM HÖCHSTEN IST.

COLORFUL COUSCOUS
ERFRISCHEND AN HEISSEN TAGEN

Couscous liefert dem Körper viele Kohlenhydrate / Ballaststoffe und hält damit lange satt. Der Fettanteil ist sehr gering, bei Dinkel-Couscous ist der Eiweißgehalt mit 11 Gramm pro Portion beachtlich hoch. Couscous ist außerdem eine gute Quelle für Vitamine und Mineralien wie Kalzium, Kalium und Zink.

BIOLADEN / SUPERMARKT

150 g Couscous (Vollkorn)
3 EL Olivenöl
100 ml Gemüsebrühe
jodiertes Meersalz
schwarzer Pfeffer aus der Mühle

GEMÜSEHÄNDLER

4 reife Tomaten
1 Zucchini
1 Zwiebel
1 Zitrone
4 Stängel Petersilie

Den **Couscous** mit 200 ml kochendem Wasser aufgießen und die **Gemüsebrühe** dazugeben. 10 Minuten ziehen lassen.

Die **Zwiebel** schälen und mit den **Zucchini** in kleine Würfel schneiden. Etwas **Olivenöl** in einer Pfanne erhitzen und die Zwiebelstücke darin anschwitzen, nach 3-4 Minuten die Zucchinistücke hinzufügen und anbraten.

Die **Tomaten** waschen und halbieren, den Strunk entfernen und sehr klein würfeln.

Tomaten, **Zwiebeln** und **Zucchini** mit dem Couscous vermengen, Olivenöl hinzufügen und mit Meersalz, Pfeffer und einem Spritzer Zitronensaft abschmecken.
Mit der grob gehackten **Petersilie** toppen und servieren.

COUSCOUS IST EIN TYPISCHES NORDAFRIKANISCHES GERICHT UND UNVERZICHTBARES GRUNDNAHRUNGSMITTEL IN TUNESIEN, MAROKKO UND ALGERIEN. URSPRÜNGLICH BESTAND COUSCOUS AUS ZERRIEBENEM HIRSEGRIES, INZWISCHEN GIBT ES DIE BELIEBTEN KÖRNCHEN AUCH AUS HARTWEIZEN-, GERSTE- ODER DINKELGRIESS.

POWER SUSHI
ENERGIE FÜR UNTERWEGS

Tofu ist ursprünglich ein asiatisches Nahrungsmittel und wird aus Sojabohnen, Wasser und Salz hergestellt. Aufgrund seines hohen Eiweißanteils ist Tofu ein beliebter Ersatz für Fleisch. Aber auch der hohe Eisengehalt, sekundäre Pflanzenstoffe und die Vitamine B und E machen Tofu zur gesunden Fleischalternative.

BIOLADEN / SUPERMARKT

300 g Sushireis
150 g Räuchertofu
4 geröstete Noriblätter
100 ml Reisessig (natur)
2 EL Zucker
1 TL Salz
Sojasauce
eingelegter Ingwer
Wasabipaste

GEMÜSEHÄNDLER

1 reife Avocado
1 Zitrone
1 Beet Kresse

HILFSMITTEL
Bambusmatte

Den **Sushireis** in einem Sieb abwaschen und in einen Topf geben. Mit 400 ml kaltem Wasser zum kochen bringen und 10 Minuten köcheln lassen. Den Herd ausschalten und weitere 10 Minuten quellen lassen.

Den **Reisessig** mit Zucker und Salz in einem Topf zum auflösen bringen, mit dem Sushireis vermengen und abkühlen lassen.
Die **Avocado** und den **Tofu** in dünne Streifen schneiden.

Ein **Noriblatt** mit glänzender Seite nach unten auf eine Bambusmatte legen und mit dem Sushireis etwa 1 cm dick bestreichen. Einen ca 5 cm breiten Streifen in der Mitte des Noriblattes mit **Avocado**, **Tofu** und der **Kresse** belegen und etwas Zitrone darüber pressen.
Das Noriblatt vorsichtig zusammenrollen und in 8 Stücke schneiden.
Mit dem Ingwer, dem Wasabi und der Sojasauce servieren.

GESCHMACK: TOFU HAT VON NATUR AUS EINEN GERINGEN EIGENGESCHMACK UND IST SO GUT WIE GERUCHLOS. DAS MACHT IHN ZUM IDEALEN AROMATRÄGER ANDERER ZUTATEN. TOFU IST VIELSEITIG EINSETZBAR UND KANN SOWOHL SÜSS ALS AUCH PIKANT ZUBEREITET WERDEN.

KÜRBIS & INGWER SUPPE
HEILENDER INGWER

Die Inhaltsstoffe im Ingwer hemmen angeblich das gleiche Enzym wie Acetylsalicylsäure – Ingwer kann somit Schmerzen lindern und Entzündungen eindämmen. Die gesunde Schärfe des Ingwers kommt von der aromatischen Substanz Gingerol.

BIOLADEN / SUPERMARKT

1 TL rote Currypaste
1/2 Dose Kokosmilch
250 ml Gemüsebrühe
2 EL Olivenöl
1 Handvoll Kürbiskerne
jodiertes Meersalz
schwarzer Pfeffer aus der Mühle

GEMÜSEHÄNDLER

1 Kürbis zB. Hokkaidokürbis
1 Stk Ingwer
1/2 Zwiebel

Das **Olivenöl** in einem großen Topf erhitzen und die fein gehackten **Zwiebeln** hinzugeben. Den **Ingwer** in kleine Scheiben schneiden und mit den Zwiebeln zusammen anschwitzen. Nach kurzer Zeit die rote **Currypaste** zugeben. Den kleingewürfelten **Kürbis** hinzufügen und kurz andünsten.

Mit der **Kokosmilch** ablöschen.

Die **Gemüsebrühe** hinzufügen und etwa 30 min kochen, bis der Kürbis weich ist.
Mit einem Stabmixer bis zur gewünschten Sämigkeit pürieren.

Die **Kürbiskerne** in einer Pfanne ohne Zugabe von Öl anrösten, als Topping der Suppe beifügen und servieren.

KÜRBISSE SIND ECHTE **VITALSTOFFWUNDER** – SIE SIND REICH AN:
VITAMIN C UND E | MAGNESIUM | BALLASTSTOFFEN | PANTOTHENSÄURE |
KALIUM | ZINK | PROTEINEN | AMINOSÄUREN

BEETROOT SUPPE
ABWEHRKRÄFTE DANK ROTE BETE

Rote Bete ist unsere heimische Powerknolle. Sie lässt sich von Juli bis Oktober problemlos ernten und ist gut lagerbar. In den kalten Monaten ist Sie ein beliebter Kraftspender mit entgiftender und blutdrucksenkender Wirkung. Und Ihre stimmungsaufhellende Wirkung vertreibt jeden Herbst Blues.

BIOLADEN / SUPERMARKT

1 L Gemüsebrühe
Meerrettich (frisch gerieben o. aus dem Glas)
2 EL Olivenöl
jodiertes Meersalz
schwarzer Pfeffer aus der Mühle

GEMÜSEHÄNDLER

600 g Rote Bete
300 g Karotten
5 Kartoffeln
1 Zwiebel
1 Stk Ingwer

Die **Rote Bete** schälen, die **Karotten** waschen und beides in kleine Stücke schneiden.
Die **Kartoffeln** und die **Zwiebeln** schälen und klein würfeln.

Das **Olivenöl** in einem großen Topf erhitzen und die **Zwiebeln** darin anschwitzen, den **Ingwer** nach kurzer Zeit dazu reiben. Das übrige Gemüse hinzufügen und mit der **Gemüsebrühe** ablöschen.

Die Suppe 20 Minuten garen lassen und anschließend mit einem Stabmixer zu einer cremigen Konsistenz pürieren.

Nun mit dem Meersalz und dem Pfeffer abschmecken und vorsichtig mit **Meerrettich** toppen.
(Achtung: frischer Meerrettich ist scharf!)

GUT ZU WISSEN: VIELE DER WERTVOLLEN INHALTSSTOFFE VON ROTE BETE SIND HITZEEMPFINDLICH. ROTE BETE ALSO NICHT NUR IN EINER LECKEREN SUPPE ESSEN, SONDERN AUCH MAL ROH VERZEHREN. Z.B. IN EINEM FRISCHEN SALAT MIT DEN BLÄTTERN DER KNOLLE – DIESE SIND NÄMLICH WAHRE NÄHRSTOFFBÜNDEL.

BRAINFOOD SUPPE
POWER ZUM DENKEN

Karotten oder Möhren gehören zu den kalorienärmsten Gemüsesorten. Ihre charakteristische Farbe erhalten Sie durch den hohen Karotingehalt. Beta-Karotin (Provitamin A) ist eine Vorstufe von Vitamin A und wird vom Körper für die Sehfähigkeit, das Immunsystem und das Zellwachstum benötigt. Beta-Karotin wird in Verbindung mit Fett besser im Körper aufgenommen und verarbeitet.

BIOLADEN / SUPERMARKT

50 ml Kokosmilch
2 EL Olivenöl
1 L Gemüsebrühe
jodiertes Meersalz
schwarzer Pfeffer aus der Mühle

GEMÜSEHÄNDLER

750 g Karotten
150 g Knollensellerie
1 Stk Ingwer ac

Den **Sellerie** schälen, die **Karotten** waschen und beides in kleine Stücke schneiden.

Das **Olivenöl** in einer Pfanne erhitzen, die Sellerie- und Karottenstücke hinzugeben und 4 Minuten andünsten. Anschließend mit der **Gemüsebrühe** ablöschen.

Den **Ingwer** schälen, klein schneiden und zufügen.

Etwa 20 Minuten kochen lassen und anschließend mit einem Stabmixer pürieren.
Zum Schluss die **Kokosmilch** unterrühren, nochmals erhitzen und servieren.

DIE **SCHALE** DER KAROTTE BEINHALTET EINE VIELZAHL AN NÄHRSTOFFEN, DAHER SOLLTE MAN AUF DAS SCHÄLEN VERZICHTEN UND DIE KAROTTE STATTDESSEN SORGFÄLTIG WASCHEN. AUSSERDEM STECKEN IM **KARROTTENGRÜN** MEHR NÄHRSTOFFE ALS IN DER WURZEL. KARROTTENGRÜN IST ZUM BEISPIEL EIN HERVORRAGENDER ERSATZ FÜR PETERSILIE.

ROTE LINSEN SUPPE
KOMPLEXE KOHLENHYDRATE

Linsen sind unterschätzte Nährstoffwunder. Sie enthalten bis zu 25% pflanzliche Proteine, weshalb Sie bei Vegetariern und Veganern beliebt sind. Ihre komplexen Kohlenhydrate sowie der hohe Anteil an Ballaststoffen und Spurenelementen sind weitere positive Eigenschaften, welche die Linse zum wichtigen Superfood machen.

BIOLADEN / SUPERMARKT

1 L Gemüsebrühe
200 g Naturjoghurt
2 EL Olivenöl
jodiertes Meersalz
schwarzer Pfeffer aus der Mühle

GEMÜSEHÄNDLER

2 kleine Zwiebeln
2 Karotten
1 Zitrone

Die **Karotten** waschen und mit den geschälten **Zwiebeln** sehr fein würfeln.
Das **Olivenöl** in einem Topf erhitzen und die **Zwiebeln** mit den **Karotten** darin anschwitzen, nach kurzer Zeit die **Linsen** dazugeben.
Nach 3-4 Minuten mit etwas **Gemüsebrühe** ablöschen und die restliche Gemüsebrühe langsam aufgießen.

Die Suppe etwa 10 Minuten köcheln lassen bis die Linsen weich sind und anschließend mit einem Stabmixer leicht pürieren.

Den **Naturjoghurt** unterheben und mit dem Meersalz, dem Pfeffer und etwas **Zitronensaft** abschmecken.

SORTENVIELFALT: WELTWEIT GIBT ES ETWA 70 VERSCHIEDENE LINSEN-SORTEN. ALLEIN IN INDIEN SIND 50 SORTEN BEKANNT. ZU DEN BELIEB-TESTEN SORTEN HIERZULANDE ZÄHLEN : **TELLERLINSEN** (BRAUN, UNGESCHÄLT, EINTÖPFE/SUPPEN), **ROTE/GELBE LINSEN** (BEREITS GESCHÄLT, SUPPEN/SALATE/BEILAGE), **BELUGALINSEN** (SCHWARZ, BISSFEST, SALATE/GEMÜSEGERICHTE)

„IN DER EINEN HÄLFTE UNSERES LEBENS OPFERN WIR
DIE GESUNDHEIT, UM GELD ZU ERWERBEN; IN DER
ANDEREN OPFERN WIR GELD, UM DIE GESUNDHEIT
WIEDER ZU ERLANGEN. UND WÄHREND DIESER ZEIT
GEHEN GESUNDHEIT UND LEBEN VON DANNEN."

VOLTAIRE

ABENDS

NATÜRLICH SPINAT
ENTDECKE JEDE ZUTAT

Spinat kann man fast das ganze Jahr über frisch kaufen, da er als Gemüsepflanze heimisch angebaut wird. Das grüne Superfood ist ein natürlicher Appetitzügler. Die enthaltenen Thylakoide schütten im Körper ein appetithemmendes Hormon aus. Dass Spinat stark macht stimmt übrigens auch - der hohe Nitratgehalt nährt die Muskelzellen und reichlich Mitochondrien regen den Zellstoffwechsel an.

BIOLADEN / SUPERMARKT

150 g Quinoa
100 g Kidneybohnen
250 g Kichererbsen
5 EL Olivenöl
2 EL Sesampaste (Tahina)
odiertes Meersalz
schwarzer Pfeffer aus der Mühle

GEMÜSEHÄNDLER

400 g junger Blattspinat
˘ gelbe Paprika
2 Bund Radieschen
1 Zitrone

Zuerst den Hummus vorbereiten. Dafür die **Kichererbsen** 12 Stunden einweichen lassen und ca. 1 Stunde weichkochen. Anschließend mit 4 EL **Olivenöl** cremig mixen und mit **Zitronensaft**, **Tahina** und **Salz** abschmecken.

Die **Quinoa** in einem Sieb abwaschen und mit 450 ml Wasser 12 Minuten kochen lassen. Anschließend die Quinoa vom Herd nehmen und 10 Minuten quellen lassen, leicht salzen und etwas **Olivenöl** dazugeben.

Den **Spinat** waschen und in einem Tuch trocknen. Die **Radieschen** und die **Paprika** waschen und in Scheiben bzw. Streifen schneiden.

Auf einem Teller die **Spinatblätter** auslegen und **Kidneybohnen**, **Quiona**, **Radieschen** und **Paprika** darauf anrichten. Mit dem **Hummus** toppen und mit Meersalz, Pfeffer und etwas Olivenöl würzen.

NÄHRSTOFFE IN EINER FRISCHEN PORTION SPINAT:
VITAMIN A: 2800 IE – MEHR ALS 50% DES EMPFOHLENEN TAGESBEDARFS
VITAMIN K: 150 MCG – MEHR ALS DAS DOPPELTE DES TAGESBEDARFS
FOLSÄURE: 60 MCG – DECKT DEN KOMPLETTEN TAGESBEDARF

VITALES OFENGEMÜSE
REICHHALTIGER GENUSS

Oft verschmäht und unterbewertet: Die Kartoffel hat es nicht leicht bei uns, dabei steckt viel mehr in ihr als man denkt. Ihre komplexen Kohlenhydrate und mehr als 15 verschiedene Mineralstoffe, Spurenelemente und Vitamine in hoher Konzentration machen die Kartoffel zum wichtigen heimischen Superfood.

BIOLADEN / SUPERMARKT

6 EL Olivenöl
1 TL Oregano
1 TL Thymian
1 TL Chilipulver
jodiertes Meersalz
schwarzer Pfeffer aus der Mühle

GEMÜSEHÄNDLER

8 Kartoffeln, festkochend
2 Zucchini
150 g Kirschtomaten
1 Aubergine
1 Paprika rot
1 Paprika grün
5 Schalotten
2 Stängel frischer Rosmarin

Den Backofen bei Umluft auf 200°C vorheizen.
Die **Kartoffeln** waschen, je nach Sorte schälen und in Scheiben schneiden.
Die **Paprikas** entkernen, die **Aubergine** und die **Zucchini** waschen und alles in grobe Stücke zerteilen.
Die **Schalotten** in Ringe schneiden.

Das **Olivenöl** in einer Pfanne leicht erhitzen und die **Kartoffeln** mit der **Paprika** durchschwenken.
Anschließend in einer Ofenform verteilen und die restlichen Gemüsestücke mit den ganzen **Kirschtomaten** hinzugeben. Alles kräftig durchrühren und mit Meersalz, Pfeffer, Chilipulver und den Gewürzen abschmecken.
Den frischen Rosmarin vom Stängel befreien und hinzugeben.

Das Ofengemüse etwa 30 Minuten im Backofen garen und zwischendurch mehrmals umrühren.

VORSICHT VOR KEIMHEMMERN: KARTOFFELN WERDEN IM HERBST GEERNTET, KÖNNEN ABER BIS ZU 10 MONATE BEI RICHTIGEN BEDINGUNGEN (TEMPERATUR, LUFTFEUCHTE, LICHTENTZUG) GELAGERT WERDEN. DABEI DÜRFEN KEIMHEMMER EINGESETZT WERDEN, DIE GESUNDHEITS-SCHÄDLICH SEIN KÖNNEN. AM BESTEN AUF DIE PACKUNGSANGABE „NACH DER ERNTE BEHANDELT" ACHTEN - DIESE KARTOFFELN SOLLTEN OHNE SCHALE VERZEHRT WERDEN.

CITRUS LACHS
MASSIG OMEGA 3 FETTSÄUREN

Ein wichtiger Grund für den häufigen Verzehr von Lachs ist sein hoher Gehalt an ungesättigten Omega-3-Fettsäuren, die zur Senkung des Blutfettspiegel beitragen können. Die hohe Konzentration an Antioxidantien in Verbindung mit den Fettsäuren kann außerdem entzündungshemmend auf unseren gesamten Organismus wirken.

BIOLADEN / SUPERMARKT

600 g Lachs
5 EL Olivenöl
jodiertes Meersalz
schwarzer Pfeffer aus der Mühle

GEMÜSEHÄNDLER

500 g Spinatblätter
3 Zitronen
1 Zwiebel
1 Zehe Knoblauch

Den **Lachs** unter fließendem kalten Wasser abspülen, anschließend zum trocknen auf Küchenpapier auslegen und abtupfen.

Danach auf einem Teller von beiden Seiten mit **Zitronensaft**, **Meersalz** und **Pfeffer** marinieren.
Olivenöl in einer beschichteten Pfanne erhitzen und den Lachs von beiden Seiten etwa 3-5 Minuten anbraten. Die Garzeit ist dabei abhängig von der Dicke des Lachses.

Die **Zwiebel** würfeln und in der selben Pfanne mit etwas Olivenöl anschwitzen. Den geriebenen **Knoblauch** und den gewaschenen **Spinat** hinzufügen. Ein paar Minuten zusammenfallen lassen. Mit einem Spritzer Zitrone, Salz und Pfeffer abschmecken.

Lachs und Spinat auf einem Teller anrichten und mit einer halben Zitrone servieren.

SAUER MACHT LUSTIG: WER JEDEN MORGEN EIN GLAS LAUWARMES ZITRONENWASSER TRINKT, DER STARTET MIT VIEL ENERGIE UND GUTER LAUNE IN DEN TAG. SO KANN DAS IMMUNSYSTEM AUF EINFACHE WEISE OHNE NAHRUNGSERGÄNZUNGSMITTEL GESTÄRKT WERDEN - GRIPPALE INFEKTE UND ERKÄLTUNGEN HABEN KEINE CHANCE MEHR.

ENERGIZER ABENDBROT
ENERGIE AUF DIE HAND

Ziegenmilch enthält weniger Milchzucker und Fett als Kuhmilch und hat einen hohen Anteil an kurzkettigen Fettsäuren. Das macht sie wesentlich bekömmlicher, besonders für Menschen mit Laktoseunverträglichkeit. Ziegenkäse hat durchschnittlich weniger Kalorien als die meisten anderen Käsesorten.

BIOLADEN / SUPERMARKT

8 Scheiben Dinkel-Haferbrot
200 g junger Ziegenfrischkäse
2 EL Olivenöl
jodiertes Meersalz
schwarzer Pfeffer aus der Mühle

GEMÜSEHÄNDLER

2 Handvoll Feldsalat
4 Radieschen
2 reife Avocados

Den **Feldsalat** gründlich waschen und trockentupfen. Die **Radieschen** putzen und in dünne Scheiben schneiden. Die **Avocados** vierteln, das Fruchtfleisch herauslösen und in Spalten zerteilen.

Die ca. 1 cm dicken **Brotscheiben** einseitig mit **Olivenöl** bestreichen. Avocadospalten auf 4 Brotscheiben verteilen, leicht andrücken und mit **Salz** und **Pfeffer** würzen. Den **Ziegenfrischkäse** darüberbröseln und mit Radieschen belegen. Mit dem Feldsalat toppen und zum Schluss die übrigen Brotscheiben darauf legen.

ZIEGENKÄSE IST EINE DER ÄLTESTEN KÄSESORTEN. WER BESONDEREN WERT AUF QUALITÄT LEGT, DER SOLLTE ZU DEUTSCHEN PRODUKTEN GREIFEN, AM BESTEN AUS BIOLOGISCHER HERSTELLUNG. IN DEUTSCHLAND IST DIE VERWENDUNG VON KÜNSTLICHEM LAB VERBOTEN, DAHER SIND DEUTSCHE ZIEGENKÄSEPRODUKTE FREI VON GENTECHNIK.

QUINOA AUBERGINE
KALORIENARME SINNESFREUDE

Die in der Aubergine reichlich vorhandenen Terpene machen die subtropische Frucht zur Zeit so beliebt. Dabei handelt es sich um sekundäre Pflanzenfarbstoffe die eine krebshemmende Wirkung besitzen sollen. Die Vitamine B1, B2 und B6 treten überwiegend in der Schale auf, aus diesem Grund sollte man die Aubergine nicht schälen.

BIOLADEN / SUPERMARKT

250 g Quinoa
Olivenöl
jodiertes Meersalz
schwarzer Pfeffer aus der Mühle
1 Handvoll Pinienkerne

GEMÜSEHÄNDLER

2 große Auberginen
1 Handvoll Basilikumblätter

Den Backofen auf 200°C vorheizen. Die **Auberginen** waschen, halbieren und in die Schnittfläche ein rautenförmiges Muster einschneiden. Großzügig mit **Olivenöl** bestreichen, mit dem **Meersalz** und dem **Pfeffer** würzen. Ein Backblech mit Olivenöl einölen und die Aubergine darauf etwa 25 Minuten goldbraun backen.

In der Zwischenzeit die **Quinoa** in einem Sieb gründlich waschen. In einem Topf etwas Olivenöl erhitzen und die Quinoa kurz anrösten. Mit 2 Teilen (200ml bei 100g) Wasser 12-15 min köcheln lassen, zwischendurch umrühren und die Konsistenz prüfen. Vom Herd nehmen und 10 min quellen lassen.
Die **Pinienkerne** in einer Pfanne ohne Öl anrösten. Dabei darauf achten, dass sie nicht verbrennen.
Die fertig gebackene Aubergine mit dem gehackten **Basilikum**, den Pinienkernen und der Quinoa bedecken und servieren.

OLIVENÖL SETZT AROMEN FREI
AUBERGINEN HABEN EINEN GERINGEN EIGENGESCHMACK. DIE AROMASTOFFE DER FRUCHT BEFINDEN SICH DIREKT UNTER DER SCHALE UND KOMMEN DURCH DIE VERWENDUNG VON OLIVENÖL BESONDERS GUT ZUR GELTUNG.

BROKKOLI BOWL
LEICHT AM ABEND

Brokkoli ist mit 35 Kalorien pro 100 Gramm eines der kalorienärmsten Nahrungsmittel. Trotzdem ist er eine ausgezeichnete Quelle wertvoller Antioxidantien, Ballaststoffe, Mineralien und Vitamine. Brokkoli kann dabei helfen, freie Radikale und Giftstoffe aus dem Körper zu transportieren.

BIOLADEN / SUPERMARKT

250 g roter oder weißer Reis
250 g Kichererbsen (Glas)
35 g Pinienkerne
125 ml Olivenöl
jodiertes Meersalz
schwarzer Pfeffer aus der Mühle
1 TL Ahornsirup
1 Messerspitze Senf

GEMÜSEHÄNDLER

250 g Brokkoli
1 Zehe Knoblauch
1 Zitrone
3 Stängel Koriander

Den **Reis** mit zwei Teilen (200ml bei 100g) Salzwasser 12-15 min köcheln lassen, zwischendurch umrühren und die Konsistenz prüfen. Vom Herd nehmen und abkühlen lassen.
Die **Kichererbsen** in einem Sieb abtropfen lassen und abwaschen. Den **Knoblauch** schälen und fein hacken. Zusammen mit den Kichererbsen in einer großen Schüssel vermischen.

Den **Brokkoli** waschen, schneiden und in Salzwasser etwa 10 Minuten bissfest garen. Anschließend kalt abschrecken.

Das **Olivenöl** mit etwas **Zitronensaft**, **Ahornsirup** und **Senf** vermengen und mit Salz und Pfeffer abschmecken.
Die **Pinienkerne** in einer Pfanne ohne Öl kurz anrösten.
Alle Zutaten in die Schüssel zu den Kichererbsen geben und mit dem Dressing vermischen.
Mit Pinienkernen und gehacktem **Koriander** toppen.

BROKKOLI RICHTIG LAGERN
DEN FRISCHEN BROKKOLI UNGEWASCHEN IN EINEN PLASTIKBEUTEL MIT ZIPPVERSCHLUSS GEBEN. MÖGLICHST DIE GESAMTE LUFT AUS DEM BEUTEL PRESSEN. DER BROKKOLI IST SO IM KÜHLSCHRANK ETWA EINE WOCHE HALTBAR. ANGESCHNITTENER BROKKOLI VERLIERT ÜBRIGENS SCHNELL SEINE NÄHRSTOFFE.

GRÜNE FALAFEL
HOCHWERTIGE PROTEINQUELLE

Falafel bestehen aus pürierten Kichererbsen und sind der ideale Eiweißlieferant. Ein hoher Gehalt an Kalzium und Eisen machen sie nicht nur bei Vegetariern beliebt. Die Kichererbsen enthalten zwar viele Kalorieren, machen aber mit ihrem hohen Ballaststoffgehalt schnell und lange satt.

BIOLADEN / SUPERMARKT

400 g Kichererbsen getrocknet
4 Pitabrote
1 TL Kreuzkümmel
1 Messerspitze Backpulver
3 EL Olivenöl
2 EL Sesampaste (Tahina)
jodiertes Meersalz
schwarzer Pfeffer aus der Mühle

GEMÜSEHÄNDLER

1 Kopfsalat
1 Karotte
1 rote Paprika
1 reife Avocado
8 Kirschtomaten
1 Zitrone
2 Zehen Knoblauch
1 Zwiebel
3 Stängel frischer Koriander
3 Stängel frische Petersilie

Die **Kichererbsen** abspülen und in einer Schüssel mit Wasser 12 Stunden einweichen lassen. Danach nochmals in einem Sieb abwaschen.
Die **Zwiebel** und den **Knoblauch** schälen und grob würfeln. Den **Koriander** und die **Petersilie** waschen, in einem Tuch trocknen und grob hacken. Gemeinsam mit den Kichererbsen in eine Schüssel geben und mit einem Stabmixer pürieren. Den **Kreuzkümmel**, eine Messerspitze **Backpulver** und den Saft einer **Zitrone** dazugeben und gut würzen. Den Teig durchkneten und kleine Bällchen formen, auf Backpapier auslegen und mit **Olivenöl** bestreichen. Bei 200 Grad etwa 15 Minuten im Ofen goldbraun backen.

Die aufgewärmtem **Pita** mit **Tahina** bestreichen und mit **Salatblättern**, **Kirschtomaten**, **Paprika**, **Avocado-stücken** belegen und mit den warmen Falafel servieren.

NÄHRSTOFFE: KICHERERBSEN ENTHALTEN RUND 20% EIWEISS UND EINEN HOHEN ANTEIL AN ESSENTIELLEN AMINOSÄUREN. DER KOHLENHYDRAT-GEHALT LIEGT BEI ETWA 40%, DER BALLASTSTOFFGEHALT BEI 12%. KICHERERBSEN SIND REICH AN VITAMIN B1 UND B6, FOLSÄURE SOWIE DEN MINERALSTOFFEN MAGNESIUM, KALZIUM UND EISEN.

„VIELE MENSCHEN HABEN DAS ESSEN VERLERNT.
SIE KÖNNEN NUR NOCH SCHLUCKEN."

PAUL BOCUSE

DESSERT

HIMBEERE AM STIEL
KOKOSMILCH UND CHIA

Die Himbeere zählt zu unseren ältesten Kulturpflanzen und das nicht ohne Grund: Sie enthält viel Eisen und Vitamin C, Provitamin A und Vitamin B1, B2 und B6. Außerdem Kalzium, Kalium, Magnesium und Folsäure. Den in der Himbeere enthaltenen sekundären Pflanzenstoffen Anthocyanidine und Ellagsäure wird nachgesagt, dass sie die Zellschädigung hemmen können.

BIOLADEN / SUPERMARKT

50 ml Kokosmilch
50 ml Ahornsirup
1 Handvoll Chia Samen

GEMÜSEHÄNDLER

125 g Himbeeren
1 Limette

Die **Himbeeren** verlesen und die schmutzigen Exemplare abwaschen.

Zusammen mit dem **Ahornsirup** und dem Saft der Limette in einem kleinen Topf aufkochen. Die Masse abkühlen lassen und mit einem Stabmixer fein pürieren. Die **Chia Samen** hinzugeben.

Anschließend die **Kokosmilch** unterrühren und in geeignete Eisformen geben. Für mindestens 12 Stunden ins Gefrierfach geben.

DA WASSER DAS AROMA DER HIMBEERE STARK VERWÄSSERT, SOLLTEN NUR DIE WIRKLICH SCHMUTZIGEN BEEREN GEWASCHEN WERDEN. HAUPTSAISON DER HIMBEERE IST VON MAI BIS AUGUST. AM BESTEN FRISCH VERZEHREN ODER FÜR WENIGE TAGE GEKÜHLT LAGERN. DA HIMBEEREN IM TIEFGEFRORENEN ZUSTAND IHRE SUPERFOOD POWER BEIBEHALTEN, SIND SIE DIE IDEALE ZUTAT FÜR EIN GESUNDES UND ERFRISCHENDES EIS.

MATCHA CHIA PUDDING
FÜR LANGE NACHMITTAGE

Chia Samen sind ein echtes Nährstoff-Kraftpaket. Sie sind reich an Ballaststoffen, Proteinen, Mineralstoffen, Vitaminen, Antioxidantien und ungesättigten Omega-3-Fettsäuren. Chia Samen fördern nicht nur die Leistungsfähigkeit des Gehirns, sie wirken auch entschlackend und unterstützen die Verdauung, machen satt und liefern lang anhaltende Energie.

BIOLADEN / SUPERMARKT

800 ml Soja- oder Mandelmilch
100 g Chia Samen
2 EL Matchapulver
2 EL Kokosflocken
2 EL Agavensirup (optional)

GEMÜSEHÄNDLER

Erdbeeren und Minze zum Garnieren

Das **Matchapulver** in 2 EL heißem, nicht kochendem Wasser auflösen. **Sojamilch**, **Kokosflocken** und **Agavensirup** hinzugeben und mit dem Schneebesen oder Handrührgerät gut verrühren. Die Masse über die **Chia Samen** geben und sorgfältig vermengen.
5 Minuten quellen lassen, anschließend nochmals umrühren.

Den Pudding mindestens 3 Stunden abgedeckt im Kühlschrank quellen lassen.

Auf 4 Dessertschalen oder Gläser (z.B. Weck) aufteilen und mit frischen **Erdbeeren** und **Minze** garnieren.

BESONDERS GUT FÜR VEGANER: CHIA SAMEN BESTEHEN ZU 38% AUS CHIAÖL, WELCHES REICH AN OMEGA-3 UND OMEGA-6-FETTSÄUREN IST. DA VEGANER IHREN BEDARF NICHT AUS FISCH DECKEN KÖNNEN, SIND CHIA SAMEN FÜR SIE BESONDERS WERTVOLL. 1 EL CHIA SAMEN ENTHÄLT DIE SELBE MENGE AN OMEGA-3-FETTSÄUREN WIE 100 GRAMM LACHS.

GRIECHISCHER FATBURNER
EIWEISSKICK FÜR SPORTLER

Griechischer Joghurt ist nicht nur cremiger sondern auch kohlenhyd-
ratärmer und eiweißhaltiger als herkömmlicher Joghurt. Zwar enthält
Griechischer Joghurt traditionell einen hohen Fettanteil von 10%, ist
aber auch mit geringerem Fettanteil erhältlich. Eiweiß sättigt langan-
haltend und beugt Heißhunger vor, unterstützt den Muskelaufbau und
hilft bei der Fettverbrennung – ideal für Sportler.

BIOLADEN / SUPERMARKT

500 g Griechischer Joghurt 6%
4 EL Honig oder Agavensirup

GEMÜSEHÄNDLER

300 g Heidelbeeren

Den **Griechischen Joghurt** in einer
Schüssel cremig rühren und anschließend auf 4 Gläser verteilen. Mit **Honig**
oder **Agavensirup** beträufeln.

Die **Heidelbeeren** waschen, auf
dem Joghurt verteilen und sofort
servieren.

GRIECHISCHER JOGHURT WURDE TRADITIONELL ZUM ABTROPFEN IN
LEINENSÄCKE GEFÜLLT. IN DIESEM PROZESS VERLIERT DER JOGHURT
70% WASSER UND MOLKE BEI GLEICHEM MILCHANTEIL. FÜR EINEN LITER
GRIECHISCHEN JOGHURT WERDEN 4 LITER MILCH VERWENDET – BEI
HERKÖMMLICHEM JOGHURT IST DAS VERHÄLTNIS 1:1. DADURCH STEIGT
DIE KONZENTRATION AN WERTVOLLEM EIWEISS.

CHIA WAFFELN
GESUNDER GENUSS

Diese Waffeln mit den gesunden Powersamen sollten nicht nur von Menschen zubereitet werden, die gerne Sport treiben. Die pflanzlichen Proteine in Chia Samen helfen beim Aufbau von Muskelmasse und kräftigen neben sichtbaren Muskeln auch die Herzmuskulatur. Ihre positive basische Wirkung auf Magen- und Darmtrakt entlasten außerdem den Organismus – ein Geheimtipp für gute Gesundheit.

BIOLADEN / SUPERMARKT

200 g Dinkelvollkornmehl
2 TL Backpulver
1 EL Vollrohrzucker
1 EL Chia Samen
1 Prise Salz
125 ml Hafermilch
100 ml Mineralwasser
1 EL Zitronensaft
50 g Sojajoghurt
Kokos zum Servieren
Pekannusskerne, geröstet und gehackt zum Servieren
Pflanzenöl für das Waffeleisen

GEMÜSEHÄNDLER

300 g Beeren nach Geschmack

Das **Mehl** mit dem **Backpulver** in eine Schüssel sieben. **Vollrohrzucker**, **Chia Samen** und **Salz** unterrühren. Die **Hafermilch** mit dem **Mineralwasser** und dem **Zitronensaft** in einer zweiten Schüssel vermischen.

Die flüssige Mischung langsam in die Mehlmischung gießen und mit dem Handrührgerät vermengen, bis eine glatte Masse entstanden ist. Den Teig für 10 Minuten quellen lassen.

Das Waffeleisen vorheizen. Die Backflächen vor jeder Waffel mit **Pflanzenöl** dünn bestreichen, eine kleine Kelle Teig daraufgeben und goldbraun backen.

Die Waffeln auf Teller verteilen, mit einem Klecks **Sojajoghurt** und **Pekannüssen** garnieren und mit frischen **Beeren** servieren.

PEKANNÜSSE SIND ENGE VERWANDTE DER WALNUSS UND WURDEN SCHON VON DEN UREINWOHNERN AMERIKAS ALS GRUNDNAHRUNGSMITTEL VERWENDET. DER HOHE NÄHRSTOFF- UND PROTEINGEHALT DER NÜSSE WIRKT SICH POSITIV AUF KNOCHEN, STOFFWECHSEL, MUSKELN UND GEHIRN AUS. NICHT UMSONST NAHMEN DIE ASTRONAUTEN DER APOLLOFLÜGE SIE ALS EINZIGE FRISCHNAHRUNG MIT INS ALL.

TROPISCHE PIZZA
SCHNELLE ERFRISCHUNG

Die Tropische Pizza sollte man im Sommer immer im Kühlschrank haben. Wassermelone ist nicht nur erfrischend, sie ist auch eine gesunde Nascherei. Mit 95% Wasseranteil ist sie besonders kalorienarm und enthält trotz ihres süßen Geschmackes kaum Zucker. Der hohe Kaliumgehalt wirkt sanft entwässernd – ein echter Schlankmacher.

BIOLADEN / SUPERMARKT

250 g Feta
4 EL Balsamico-Essig

GEMÜSEHÄNDLER

1 mittelgroße Wassermelone
300 g Heidelbeeren
1 Bund frische Minze
1 Bund frischer Basilikum

Die **Wassermelone** in 2 cm dicke Scheiben schneiden und anschließend in 6-8 Pizzaecken zerteilen.

Die **Heidelbeeren** waschen und auf den Pizzaecken verteilen. Den **Feta** zerbröseln und auf die Pizza streuen.

Mit dem **Balsamico-Essig** beträufeln und mit gehackter **Minze** und **Basilikumblättern** garnieren.

Die **Heidelbeeren** können nach Belieben auch durch andere Sommerbeeren ersetzt werden. Eine leckere Kombination entsteht auch mit **Himbeeren** oder **Gojibeeren**.

AM BESTEN SCHMECKT DIE **TROPISCHE PIZZA**, WENN MAN DIE WASSERMELONE VOR DEM BELEGEN KURZ ANGRILLT. DIE SÜSSE WASSERMELONE UND DER HERBE FETA HARMONIEREN BESONDERS GUT.
KAUFTIPP: DIE KLOPFPROBE VERRÄT DEN REIFEGRAD DER WASSERMELONE. KLINGT ES HOHL, IST SIE UNREIF UND TROCKEN - EIN VOLLER, TIEFER TON LÄSST AUF REIFES, SAFTIGES FRUCHTFLEISCH SCHLIESSEN.

FRUCHTBOMBE IM GLAS
VITAMINDOSIS TO GO

Der Verzehr von frischem Obst ist für unsere Vitalität ausgesprochen wichtig. Die Besonderheit dieses Rezeptes liegt in einer ordentlichen Portion an bioaktiven Stoffen, die im Granatapfel enthalten sind. Sie wirken antioxidativ, das heißt sie schützen unsere Körperzellen vor schädlichen Einflüssen, wirken entzündungshemend und verlangsamen den Alterungsprozess der Zellen.

BIOLADEN / SUPERMARKT

200 ml Schlagsahne

GEMÜSEHÄNDLER

100 g Erdbeeren
1 mittelgroße Orange
1 reife Mango
2 Kiwis
100 g Heidelbeeren
2 EL Zitronensaft
1 kleiner Granatapfel

Die **Erdbeeren** waschen und je nach Größe halbieren oder vierteln.
Die **Orange** filetieren und die Spalten halbieren. Die **Mango** schälen, das Fruchtfleisch vom Stein lösen und in 2 cm große Stücke schneiden. Die **Kiwis** schälen, längs vierteln und in 1,5cm dicke Scheiben schneiden. Die **Heidelbeeren** waschen und verlesen.

Die Kerne aus dem **Granatapfel** lösen. Dazu ein Quadrat um den Blütenansatz etwa 2 cm tief einschneiden. Die Schale vom Blütenansatz aus ringsum einritzen. Den Blütenansatz entfernen, mit beiden Daumen in die ausgelöste Stelle greifen und die Frucht aufbrechen. Die Kerne über einer Schüssel aus den Hälften herauslösen.

Fruchtstücke schichtweise auf 2 Gläser verteilen und mit **Zitronensaft** beträufeln. Die **Sahne** schlagen und auf die Fruchtbombe geben. Mit **Granatapfelkernen** garnieren.

DEM GRANATAPFEL WURDE AUFGRUND SEINER FASZINIERENDEN FORM BEREITS IN DER ANTIKE BESONDERE BEDEUTUNG BEIGEMESSEN. ER GALT ALS SYMBOL DER LIEBE UND DER FRUCHTBARKEIT.
HEUTE BESTICHT ER VOR ALLEM DURCH SEINE GESUNDEN INHALTS-STOFFE UND DEN SÜSS-SAUREN GESCHMACK. DIE HAUT ZWISCHEN DEN KERNEN SCHMECKT ÜBRIGENS BITTER UND SOLLTE ENTFERNT WERDEN.

„DIE BESTE KÜCHE KOMMT AUS DER NOT."

WILLIAM SAROYAN

BLUEBERRY FOAM
ANTIOXIDATIVE KRÄFTE

Heidelbeeren haben eine stark antioxidative Wirkung und können mit den enthaltenen Anthocyanidinen Zellschäden mindern. Ihre Inhaltsstoffe senken den Blutzucker und reduzieren den Cholesterinspiegel auf natürliche Weise. Frische Beeren sind außerdem reich an Vitamin C und B.

BIOLADEN / SUPERMARKT

250 ml Mandelmilch
alternativ:
250 ml Hafermilch

GEMÜSEHÄNDLER

1 Handvoll Heidelbeeren
1 Handvoll Himbeeren
2-3 Datteln

Die frischen **Beeren** verlesen und die Heidelbeeren in einem Sieb mit lauwarmem Wasser abwaschen. Die Beeren in einen Standmixer geben.

Wem der „natural taste" zu bitter ist, kann die **Datteln** hinzugeben und so den Smoothie süßen.

Mit der **Mandelmilch** etwa 1 bis 2 Minuten schaumig mixen und frisch genießen.
Im Sommer kann eine Handvoll Eiswürfel dazugegeben werden.

HEIDELBEEREN SIND SAISONALE BEEREN, FRISCH ERHÄLTLICH ZWISCHEN JUNI UND SEPTEMBER. FÜR DIE HEIDELBEERFREIE ZEIT AM BESTEN EINEN VORRAT EINFRIEREN ODER GEFRORENE BEEREN KAUFEN.
TIP: HEIDELBEEREN GIBT ES AUCH GETROCKNET.

NÄHRWERT INFO / 100 GRAMM

KOHLENHYDRATE	60 GRAMM
FETT	1 GRAMM
PROTEIN	2,5 GRAMM
KCAL	260 KJ

FRUIT DAIQUIRI
ALKOHOLFREIE ERFRISCHUNG

Daiquiris gehören als alkoholfreie Erfrischung für lange Sommerabende auf jede Gartenparty. Wassermelone entschlackt und ist besonders kalorienarm, Mango punktet mit dem höchsten Anteil an Provitamin A, den eine Obstsorte nur enthalten kann. Bereits 200g Mango decken den Tagesbedarf eines Erwachsenen – pure Erfrischung für die Hautzellen.

GEMÜSEHÄNDLER

1 reife Mango
2-3 Spalten einer mittelgroßen Wassermelone
1 Limette
Minze zum Servieren

4 Eiswürfel

Die **Mango** schälen, das Fruchtfleisch vom Stein lösen und in grobe Stücke schneiden. Die **Wassermelone** entkernen und die Schale vom Fruchtfleisch trennen.

Das Obst in einen Standmixer füllen, **Eiswürfel** hinzugeben und bei hoher Drehzahl mixen, bis eine cremige Masse entstanden ist. Je nach Konsistenz etwas Wasser, Saft oder Sojamilch hinzugeben.

Mit einem Spritzer **Limettensaft** abschmecken, auf 2 Gläser aufteilen und mit **Minze** und **Limettenscheiben** garniert servieren.

REIFEPROBE: BEIM KAUF EINER MANGO LÄSSST SICH DER REIFEGRAD AN IHREM AUSSEHEN NUR SCHWER ERKENNEN. EINE REIFE MANGO VERSTRÖMT JEDOCH EINEN INTENSIVEN UND SÜSSEN DUFT. WER MANGOS ZU HAUSE NACHREIFEN LASSEN WILL, LAGERT SIE AM BESTEN ZUSAMMEN MIT ÄPFELN – DAS BESCHLEUNIGT DEN REIFEPROZESS.

ERDBEER CASHEW SHAKE
STIMMUNGSMACHER

Cashewkerne sind echte Stimmungsmacher. Sie enthalten pro 100g Cashews 450mg Tryptophan, aus dem im Gehirn Serotonin entsteht. Ihr hoher Eiweiß- und Magnesiumgehalt machen die gesunden Kerne zur echten Nervennahrung – besonders für Vegetarier und Veganer ein Pluspunkt. Im Vergleich zu anderen Nüssen sind Cashewkerne mit 42% Fettgehalt verhältnismäßig fettarm.

BIOLADEN / SUPERMARKT

80 g Cashewkerne
300 ml Wasser

GEMÜSEHÄNDLER

300 g Erdbeeren
1 Bund Minze

Die **Cashewkerne** in eine Schüssel geben, mit Wasser bedecken und mindestens 10 Stunden oder über Nacht einweichen. Das Wasser abgießen und die Cashews abspülen, in einen Standmixer füllen und das frische **Wasser** hinzufügen. Bei hoher Drehzahl gut mixen. Nach Belieben kann die **Cashewmilch** noch verfeinert werden, indem sie durch einen Nussmilchbeutel oder durch ein feines Tuch gedrückt wird.

Die **Erdbeeren** waschen, das Grün entfernen und grob zerkleinern. Die **Minze** waschen, dann die Hälfte des Bundes zusammen mit den Erdbeeren in den Standmixer füllen. 2-3 Minuten mixen und dabei nach und nach die Cashewmilch hinzugeben, bis die gewünschte Konsistenz erreicht ist.

Auf Gläser verteilen und mit der übrigen Minze garnieren.

CASHEWKERNE WERDEN IRRTÜMLICH ZU DEN NÜSSEN GEZÄHLT, BOTANISCH GESEHEN SIND SIE DEN STEINFRÜCHTEN ZUZUORDNEN. DIE SCHALE DER CASHEWFRUCHT, DIE DIE BELIEBTEN KERNE ENTHÄLT, IST TOXISCH UND VERURSACHT SCHWERE HAUTREIZUNGEN. DURCH DIE RÖSTUNG GEHT DIESE EIGENSCHAFT GLÜCKLICHERWEISE VERLOREN.

ANANAS MILCH
SÜDSEE-FEELING

Frische Ananas ist fast fettfrei, kalorienarm und enthält jede Menge Mineralstoffe. Dass Ananas dank eines Enzyms namens Bromelin unterstützend bei der Fettverbrennung wirkt, ist jedoch leider nicht bewiesen. Bromelin ist in Ananas zwar reichlich enthalten, wird aber bereits im Magen gespalten und hat somit im Darm keine Wirkung. Macht nichts - gesund und lecker ist sie trotzdem.

BIOLADEN / SUPERMARKT

50 ml Kokosmilch, gekühlt
150 g Sojajoghurt

GEMÜSEHÄNDLER

300 g Ananas
1 mittelgroße Orange

Die **Ananas** schälen und in Stücke schneiden. Dabei den Strunk entfernen. Die **Orange** heiß abspülen und halbieren. 2 Spalten zum Garnieren herausschneiden und den Rest auspressen.

Ananas, Orangensaft, **Kokosmilch** und **Joghurt** in einen Standmixer füllen und fein pürieren.

In Gläser füllen und mit Orangenspalten servieren.

WER **ANANAS** GERNE MIT JOGHURT, QUARK ODER MILCHREIS ISST, SOLLTE BEACHTEN, DASS SIE IN KOMBINATION MIT MILCHPRODUKTEN BITTER SCHMECKEN KANN. DAS KANN VERHINDERT WERDEN, INDEM DAS FRUCHTFLEISCH MIT KOCHENDEM WASSER ÜBERBRÜHT WIRD. ODER EINFACH DIREKT NACH DER ZUBEREITUNG VERSPEISEN, DAS HILFT AUCH.

GRÜNER SMOOTHIE
DETOX WUNDER

Grüne Smoothies eignen sich perfekt zum Entgiften. Sie helfen uns nicht nur dabei, unsere Tagesdosis an Obst und Gemüse schnell zu erfüllen. Durch die verdauungsfreundliche Aufbereitung im Mixer können wir mehr der gesunden Inhaltsstoffe im Dünndarm verwerten. Das in grünen Gewächsen enthaltene Chlorophyll hilft ganz nebenbei, abgelagerte Gifte aus unserem Körper zu schwemmen.

GEMÜSEHÄNDLER

2 Handvoll Spinatblätter oder
2-3 große, grüne Salatblätter
1 grüner Apfel
3 Kiwis
2 Stängel Petersilie
1 Spritzer Limettensaft

Die Angaben in diesem Rezept ergeben ca. 1 Liter Smoothie. Da Obst- und Gemüsegrößen variieren, empfielt es sich, zwischendurch zu kosten. Für den Grünen Smoothie sollten nur biologisch angebaute Zutaten verwendet werden.

Den **Spinat** waschen und mit Stielen in einen Standmixer geben. Wer keinen Spinat mag, kann stattdessen 2-3 **Salatblätter** ohne Mittelrippe verwenden. Die **Petersilie** mitsamt Stielen grob zerkleinern und ebenfalls in den Standmixer geben. Das Wasser hinzufügen und kurz mixen.

Den **Apfel** waschen, vierteln, das Kerngehäuse dabei nicht entfernen. **Kiwis** schälen und in grobe Stücke schneiden. Beides in den Mixer füllen und nochmals mixen, bis eine cremige Konsistenz entstanden ist.

Mit einem Spritzer Limettensaft abschmecken und sofort servieren.

GRUNDSÄTZLICH SIND ALLE GRÜNEN SMOOTHIES SEHR GUTE ENTGIFTUNGSHELFER. DURCH DIE ZUGABE BESONDERER GEWÄCHSE KÖNNEN GIFTSTOFFE ABER NOCH GEZIELTER ABGELEITET WERDEN. PETERSILIE HAT EINE BESONDERS REINIGENDE KRAFT, SIE WIRKT VERDAUUNGSFÖRDERND, NIERENANREGEND UND BLASENFÖRDERND.

MEINE REZEPTE

PHOTO

MEINE REZEPTE

PHOTO

PHOTO

MEINE REZEPTE

PHOTO

PHOTO

MEINE REZEPTE

PHOTO

REZEPTVERZEICHNIS

Matcha Latte	S. 24
Smoothie Frucht Bowl	S. 26
Erdbeer Heidelbeer Oats	S. 28
Matcha Frucht Bowl	S. 30
Protein Vollkornlaib	S. 32
Avocado Sandwich	S. 34
Lachs Avocado Bagel	S. 36
Avocado Omelette	S. 38
Feigen Joghurt	S. 40
Blueberry Pancake	S. 42
Löwenzahn Risotto	S. 48
Inka Salat	S. 50
Kichererbsen Curry	S. 52
To Go Salat	S. 54
Colorful Couscous	S. 56
Power Sushi	S. 58
Kürbis Ingwer Suppe	S. 60
Beetroot Suppe	S. 62
Brainfood Suppe	S. 64
Rote Linsen Suppe	S. 66
Natürlich Spinat	S. 72
Vitales Ofengemüse	S. 74
Citrus Lachs	S. 76
Energizer Abendbrot	S. 78
Quinoa Aubergine	S. 80
Brokkoli Bowl	S. 82
Grüne Falafel	S. 84
Himbeere am Stiel	S. 90
Matcha am Stiel	S. 92
Griechischer Fatburner	S. 94
Chia Waffeln	S. 96
Tropische Pizza	S. 98
Fruchtbombe im Glas	S. 100
Blueberry Foam	S. 106
Fruit Daiquiri	S. 108
Erdbeer Cashew Shake	S. 110
Ananas Milch	S. 112
Grüner Smoothie	S. 114

Bibliografische Information der Deutschen Nationalbibliothek: Die Deutsche Nationalbibliothek verzeichnet diese Publikation in der Deutschen Nationalbibliographie; detaillierte bibliographische Daten sind im Internet über www.dnb.de abrufbar.

Bildnachweis:
Foxys Forest Manufacture/Shutterstock.com cover, s.11/12/18/19/113; marilyn barbone/Shutterstock.com s.14/15; baibaz/Shutterstock.com s.16/17; Piyato/Shutterstock.com s.25; zarzamora/Shutterstock.com s.27/31; Olga Gorchichko/Shutterstock.com s.29; AnjelikaGr/Shutterstock.com s.33; Anna Shepulova/Shutterstock.com s.35; CatchaSnap/Shutterstock.com s.37/41; Curly Courland/Shutterstock.com s.39; Anna_Pustynnikova/Shutterstock.com s.43; Zju4ka/Shutterstock.com s.49; denio109/Shutterstock.com s.51; Nataliya Arzamasova/Shutterstock.com s.53; vaaseenaa/Shutterstock.com s.55/59; martiapunts /Shutterstock.com s.57; goa novi/Shutterstock.com s.61; s_karau/Shutterstock.com s.63; Christian-Fischer/Shutterstock.com s.65; Lucky_elephant/Shutterstock.com s.67; JeniFoto/Shutterstock.com s.73; Dani Vincek/Shutterstock.com s.75; Maren Winter/Shutterstock.com s.77; JeniFoto/Shutterstock.com s.79/99; Elena Veselova/Shutterstock.com s.81; Nataliya Arzamasova/Shutterstock.com s.83; saschanti17/Shutterstock.com s.85; zarzamora/Shutterstock.com s.91; Ivanna Grigorova/Shutterstock.com s.93; Elina Manninen/Shutterstock.com s.95; Goskova Tatiana/Shutterstock.com s.97; Alena Haurylik/Shutterstock.com s.101; Magdanatka/Shutterstock.com s.107; Dmitry Zimin/Shutterstock.com s.109; Julia Sudnitskaya/Shutterstock.com s.111; SherSor/Shutterstock.com s.115;

Haftungsausschluss:
Die Anregungen in diesem Buch stellen die Meinung bezie-
hungsweise die Erfahrungen der Autorin dar und wurden
nach bestem Wissen und Gewissen erstellt. Sie bieten
jedoch keinen Ersatz für kompetenten und fachmänni-
schen medizinischen oder ernährungswissenschaftlichen
Rat. Jede Leserin, jeder Leser sollte für das eigene Tun
auch weiterhin selbst verantwortlich sein. Weder die
Autorin noch der Verlag können für eventuelle Nachteile
oder Schäden, die aus den im Buch gegebenen prakti-
schen Hinweise resultieren, eine Haftung übernehmen.

SUPERFOOD
Einfach Gesund

Anne Noel

cover illustration:
Fantomas

copyediting:
Foxpower

graphic design and typesetting:
Fantomas

reproductions:
PAPERISH PUBLISHERS
2. Auflage 2018

PAPERISH PUBLISHERS
Herzogstraße 86
80796 München

Buchdruck Zentrum
Hohe Gred 3
84034 Landshut

© 2017 PAPERISH PUBLISHERS
no part of this book may be used or reproduced in any
form or manner whatsoever without prior written permission,
except in the case of brief quotations embodied in critical
articles and reviews.

Das Werk, einschließlich seiner Teile, ist urheberrechtlich
geschützt. Jede Verwertung ist ohne Zustimmung
des Verlages oder Autors unzulässig.

ISBN-10: 3946739156
ISBN-13: 978-3946739159

www.paperishpublishers.com

PAPERISH PUBLISHERS